Apoio Escolar

Aprenda Caligrafia

Dados Internacionais de Catalogação na Publicação (CIP) de acordo com ISBD

P364a Pecand, Kátia

Apoio Escolar – Aprenda Caligrafia: Ovelha Rosa na Escola / Kátia Pecand ; ilustrado por Lie Nobusa. - Jandira : Ciranda Cultural, 2021.
96 p. : il. ; 20,1cm x 26,8cm.

ISBN: 978-65-5500-757-2

1. Educação infantil. 2. Alfabetização. 3. Aprendizado. 4. Coordenação motora. 5. Alfabeto. 6. Caligrafia. 7. Língua Portuguesa. I. Nobusa, Lie. II. Título.

2021-1510

CDD 372.2
CDU 372.4

Elaborado por Vagner Rodolfo da Silva - CRB-8/9410

Índice para catálogo sistemático:
1. Educação infantil: Livro didático 372.2
2. Educação infantil: Livro didático 372.4

Este livro foi impresso em fontes VAG Rounded, Roboto, Irineu Brasil e Irineu Brasil Pontilhada.

Ciranda na Escola é um selo da Ciranda Cultural.

© 2021 Ciranda Cultural Editora e Distribuidora Ltda.
Texto: @ Kátia Pecand
Ilustrações: @ Lie Nobusa
Capa e diagramação: Imaginare Studio
Revisão: Ana Paula de Deus Uchoa, Paloma Blanca A. Barbieri e Adriana Junqueira Arantes
Produção: Ciranda Cultural

1ª Edição em 2021
7ª Impressão em 2024
www.cirandacultural.com.br

Todos os direitos reservados. Nenhuma parte desta publicação pode ser reproduzida, arquivada em sistema de busca ou transmitida por qualquer meio, seja ele eletrônico, fotocópia, gravação ou outros, sem prévia autorização do detentor dos direitos, e não pode circular encadernada ou encapada de maneira distinta daquela em que foi publicada, ou sem que as mesmas condições sejam impostas aos compradores subsequentes.

Apoio Escolar

Aprenda Caligrafia

OLÁ! SEJA BEM-VINDO AO APOIO ESCOLAR OVELHA ROSA NA ESCOLA - APRENDA CALIGRAFIA!
NESTE LIVRO, A CRIANÇA APRENDERÁ CALIGRAFIA DE FORMA FÁCIL E DIVERTIDA COM A OVELHA ROSA E SEUS AMIGOS.

O QR CODE QUE VOCÊ ENCONTRA ABAIXO DIRECIONARÁ A UM VÍDEO EXPLICATIVO, COM ORIENTAÇÕES SOBRE O CONTEÚDO DESTE LIVRO, PARA QUE SEU APRENDIZADO SEJA MUITO MAIS PRAZEROSO E DIVERTIDO.
VAMOS LÁ? BONS ESTUDOS!

APRESENTAÇÃO

Olá! Seja muito bem-vindo!

Neste livro, aprenderemos a escrita das palavras na forma cursiva. Praticaremos a caligrafia e, em cada página, nos encantaremos pelas descobertas do mundo da leitura e da escrita. Será incrível! Vamos lá?

PARA COMEÇAR

VAMOS LER?

"A Ovelha Rosa se diverte:
corre e brinca com a Dona Rosa,
faz zigue-zague pela fazenda
e vive alegre a toda hora."

(Kátia Pecand)

Contorne os pontilhados e continue fazendo o zigue-zague da Ovelha Rosa.

VAMOS LER?

"Quantas borboletas neste jardim!
Azuis, rosas e amarelas,
voam e pousam nos jasmins,
deixando Dona Rosa feliz."

(Kátia Pecand)

Contorne os pontilhados e continue fazendo o movimento do voo das borboletas até as flores.

Na fazenda Santa Rosa, as abelhas produzem o mel. Contorne os pontilhados para levar cada abelhinha até a colmeia, sem tirar o lápis do papel.

VAMOS LER?

"Os patinhos da fazenda
ficam na beira da lagoa.
Quando a Ovelha Rosa chega para brincar,
eles pulam na água e nadam sem parar!"

(Kátia Pecand)

Contorne os pontilhados e faça o movimento das ondas que os patinhos fazem na lagoa.

Os animais da fazenda Santa Rosa estão cochilando no pasto. Com o lápis de cor verde, contorne os pontilhados das graminhas onde cada um está deitado.

Você já visitou alguma fazenda? Este espaço é para você desenhar uma fazenda e os animais que vivem nela. Use a criatividade e pinte seu desenho com muitas cores!

AS VOGAIS

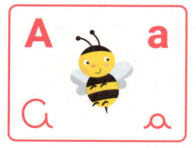

Com um lápis de cor amarelo, pinte as vogais das palavras abaixo.

| animal |
| CURRAL | trator |
| rosa |
| fazenda | Rosa |
| TINTA |
| ovelha | PORCO |

Faça o desenho de algumas figuras cujo nome começa com a vogal indicada.

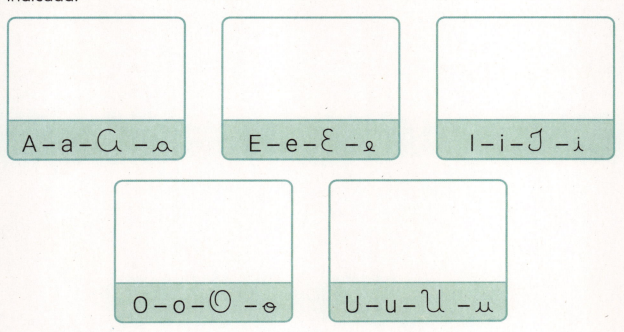

O jardim da fazenda Santa Rosa é muito florido e cheio de bichinhos. Para que cada um deles chegue até as flores, ajude-os escrevendo as vogais cursivas.

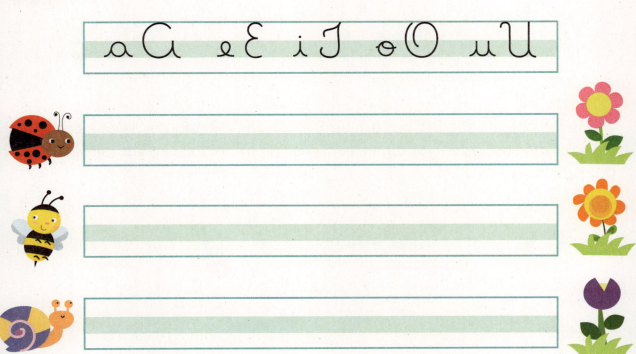

Ajude o porquinho da fazenda a ligar as vogais às figuras correspondentes. Depois, contorne os pontilhados das letras!

Muitos objetos são usados em uma fazenda. Veja alguns deles e complete as palavras com as vogais cursivas que estão faltando para completar as palavras.

Vamos praticar as vogais nas formas cursiva minúscula e maiúscula?

a - e - i - o - u

a - e - i - o - u

_ - _ - _ - _ - _

A - E - I - O - U

A - E - I - O - U

_ - _ - _ - _ - _

Dona Rosa está fazendo plaquinhas para colocar no estábulo, mas ela se esqueceu de escrever as vogais das palavras. Vamos completá-las?

Veja a vogal que está escrita em cada lata de tinta. Em seguida, pinte os desenhos que iniciam com o som da vogal indicada e pratique a escrita cursiva.

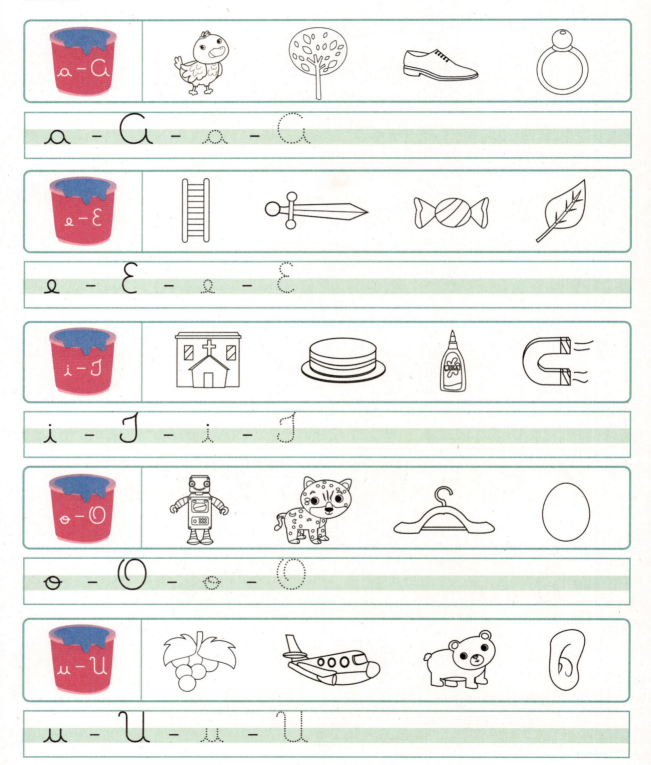

ENCONTRO VOCÁLICO

Quando duas ou mais vogais estão juntas em uma mesma palavra, temos um encontro vocálico.

Observe as vogais que os animais estão segurando e junte-as para formar o encontro vocálico.

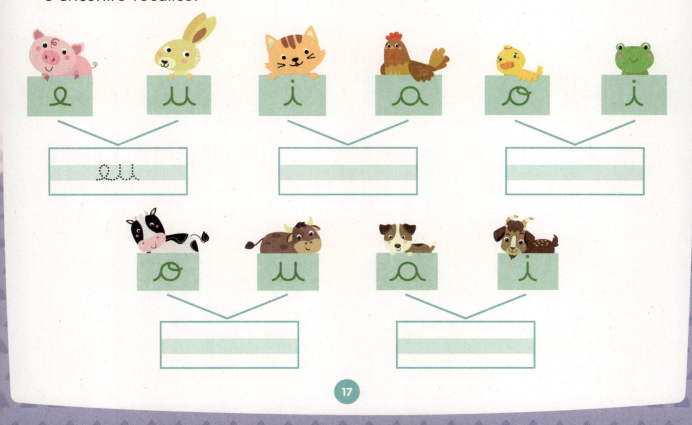

Leia o nome de cada animal abaixo e circule os encontros vocálicos.

carneiro   BOI   hiena

TOURO   sagui   coelho

tamanduá   LEÃO   pavão

TUBARÃO   peixe

Hora de ler e praticar! Mostre à Ovelha Rosa que você está craque na escrita dos encontros vocálicos.

ai

oi

ia

ou

ei

Os animais estão ajudando a Dona Rosa a organizar seu baú de objetos. Veja alguns objetos que ela tirou e escreva o encontro vocálico para completar as palavras.

Agora, junte as vogais e veja o encontro vocálico que será formado!

Ã - ÃE - ÃO

Dona Rosa está escrevendo uma lista de frutas para comprar. Descubra quais são essas frutas, completando as palavras com **ã** ou **ão**.

LISTA

maç___   mam___

lim___   rom___

avel___   mel___

Vamos ler a quadrinha?

"Dona Rosa é muito especial.
Os animais a consideram como mãe.
Ela cuida da fazenda com dedicação.
A Ovelha Rosa diz que ela tem bom coração."

(Kátia Pecand)

Circule de vermelho as palavras terminadas em **ãe** e **ão**.

O ALFABETO

Vou apresentar o alfabeto maiúsculo na sua forma cursiva!

Vamos ler e praticar?

A B C D E F G

H I J K L M N

O P Q R S T U

V W X Y Z

Qual é o seu nome? A Ovelha Rosa quer saber. Escreva seu primeiro nome no espaço abaixo com letra cursiva.

Quais são as vogais do seu primeiro nome? Escreva com letra cursiva.

Quais são as consoantes?

No espaço abaixo, faça um desenho de si mesmo para que a Ovelha Rosa saiba como você é. Depois, pinte-o com suas cores preferidas!

VAMOS LER?   B - b   B - b

"O dia na fazenda Santa Rosa começa bem cedinho.
Dona Rosa toca o sino e o primeiro a acordar é o boi.
Em seguida, o bode. Aos poucos, todos vão saindo do estábulo.
No jardim, os bichinhos se animam. As borboletas, o beija-flor, as joaninhas e as formigas começam o dia felizes!
A vida é sempre uma alegria na fazenda Santa Rosa!"

(Kátia Pecand)

Circule no texto as palavras que iniciam com a consoante B – b.

Consoante   B – b – B – b

B	b
B	b

B - b - B - b

O primeiro animal a acordar na fazenda Santa Rosa é o **boi**.

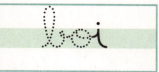

Observe a escrita cursiva desta consoante e copie-a.

Vamos ler e praticar as sílabas da consoante **b**?

ba - be - bi - bo - bu

Ba - Be - Bi - Bo - Bu

Leia a frase e copie-a com letra cursiva.

O boi acorda cedo.

Leia e copie as palavras abaixo. Depois, circule o objeto no qual Dona Rosa guarda suas coisas na fazenda.

boi   baú   boia

Complete o nome dos animais com as sílabas que estão faltando e marque um ✗ naqueles que não podem viver na fazenda Santa Rosa.

ba – be – bi – bo – bu

__r__ leta   __ leia   __ de

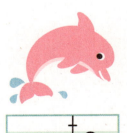 

__ to   __ souro

VAMOS LER?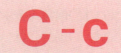

"Dona Rosa tem um animal de estimação.
Ele é peludinho e comilão.
É pequeno, mas muito valente.
Quando alguém se aproxima da Dona Rosa, ele late bem estridente.
Sua diversão é roer osso.
Esse animal é o... cachorro!"

(Kátia Pecand)

Encontre no texto as duas palavras cujo nome começa com a consoante C – c e pinte-as de amarelo.

Consoante C – c – C – c

C	c
C	c

C – C – C – c

Você tem algum animal de estimação? Desenhe-o. Se você não tem, desenhe qual gostaria de ter.

O animal de estimação da Dona Rosa é o **cachorro**.

cachorro   cachorro

Observe a escrita cursiva desta consoante e copie-a.

c - c - c - c   C - C - C - C

Vamos ler e praticar as sílabas da consoante **c**?

ca - co - cu - cão

Ca - Co - Cu

Leia a frase e copie-a com letra cursiva.

O cachorro é comilão.

A Ovelha Rosa está brincando de cruzadinha com o cachorro da fazenda. Vamos ajudá-los a completar o nome dos animais?

Complete as palavras abaixo com as sílabas que estão faltando.

ca – co – cu – cão

___valo   ___ruja

___ra___l   ___ramujo

Leia e pratique as palavrinhas.

boca	cabo	Caio	coco

29

Ce – ce – Ci – ci

A Ovelha Rosa resolveu ir até o jardim e lá encontrou a **centopeia** e a **cigarra**.

centopeia   cigarra

Circule de verde as figuras cujo nome começa com a sílaba **ce** e de azul as cujo nome começa com a sílaba **ci**.

Vamos completar as palavras com as sílabas que estão faltando?

ce – ci

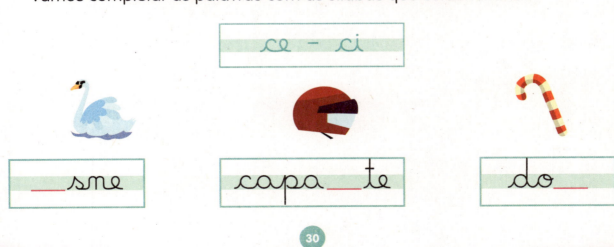

__sne   capa__te   do__

VAMOS LER? D-d D-d

"Dona Rosa adora cozinhar.
Os doces que ela mais gosta de preparar são: doce de abóbora, doce de coco e doce de batata-doce.
Quando tudo fica pronto,
a Ovelha Rosa sente o cheirinho
e logo pergunta:
— Posso provar um pouquinho?"

(Kátia Pecand)

Qual palavra aparece cinco vezes no texto? Circule-a abaixo.

| BATATA | DOCE | OVELHA |

Consoante D – d – D – d

| D | d |
| D | d |

D – d – D – d

Dona Rosa adora preparar **doces**!

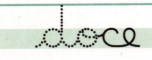

Observe a escrita cursiva desta consoante e copie-a.

Vamos ler e praticar as sílabas da consoante **d**?

da – de – di – do – du – dão

Da – De – Di – Do – Du

Leia a frase e copie-a com letra cursiva.

O doce é delicioso.

O bode e a Ovelha Rosa querem saber se você está craque na leitura e escrita das palavras abaixo. Leia, copie com atenção e ligue cada palavra à figura correspondente.

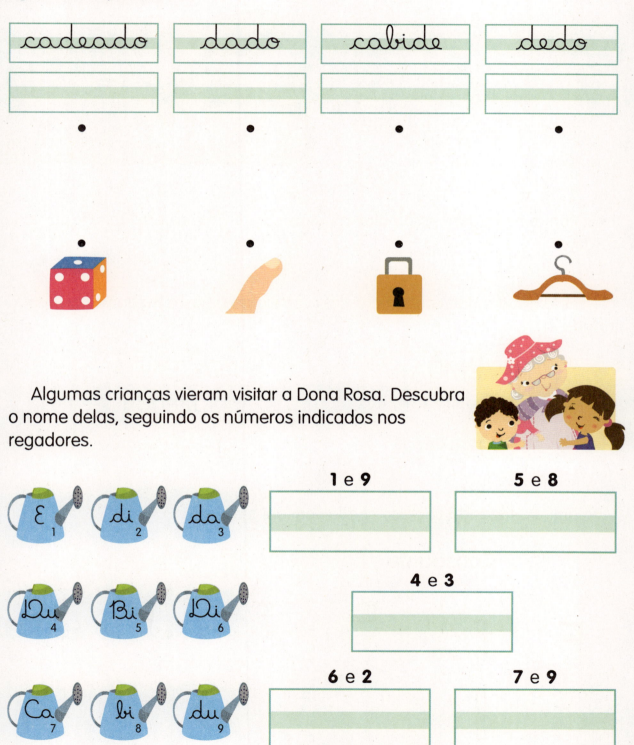

Algumas crianças vieram visitar a Dona Rosa. Descubra o nome delas, seguindo os números indicados nos regadores.

VAMOS LER?

F - f   *F - f*

"A fazenda Santa Rosa é um lugar especial. Todos vivem em harmonia e o respeito é fundamental."

(Kátia Pecand)

Encontre na quadrinha a palavra *fazenda* e grife-a com lápis de cor verde.

Pinte o quadro que contém a escrita correta da palavra **fazenda** nas três formas.

FAZEMDA		FAZENDA
fasenda		fazenda
fazenba		*fazenda*

A palavra **fazenda** começa com a consoante **f**.

Consoante   F – f – *F – f*

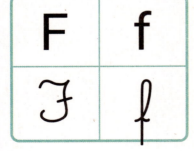

F – f – *F – f*

A **fazenda** Santa Rosa é um lugar especial.

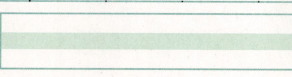

Observe a escrita cursiva desta consoante e copie-a.

Vamos ler e praticar as sílabas da consoante **f**?

fa – fe – fi – fo – fu – fão

Fa – Fe – Fi – Fo – Fu

Leia a frase e copie-a com letra cursiva.

Dona Rosa adora a fazenda.

Dona Rosa foi ao supermercado e comprou os itens abaixo. Vamos treinar a escrita cursiva destas palavras?

Muitas formigas intrusas querem entrar na cozinha da fazenda! A Ovelha Rosa está pedindo para elas irem para o jardim. Veja as sílabas no corpinho delas e escreva as palavras com a letra cursiva.

PRATICANDO A LEITURA

baú	boca	Bia
bebê	boi	coco
dado	Duda	cabide
Fabi	fio	fada

Agora é com você! Escolha seis palavras do quadro acima e escreva-as com letra cursiva.

Leia as palavras do quadro e complete as frases de forma correta.

doce - coco

O_____ é de _____.

faca - afiada

A_____ é _____.

VAMOS LER? G-g G-g

"Adivinhe que bicho é!
Uma ave que foi bondosa
e também se pintou de rosa.
Fez companhia para a ovelha
e brincaram a tarde inteira.
É a... galinha!"

(Kátia Pecand)

Encontre na adivinha a palavra *galinha* e circule somente a letra **g**.

Pinte apenas os animais cujo nome começa com o som de **g**.

A palavra **galinha** começa com o som da consoante **g**.

Consoante G – g – G – g

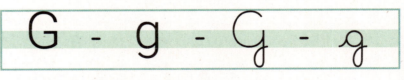

G	g
G	g

G – g – G – g

Na fazenda Santa Rosa da Dona Rosa, a **galinha** não deixou a Ovelha Rosa se sentir diferente e foi o primeiro animal a se pintar de rosa também.

galinha — *galinha*

Observe a escrita cursiva desta consoante e copie-a.

g - g - g - g

G - G - G - G

Vamos ler e praticar as sílabas da consoante **g**?

ga - go - gu - gão

Ga - Go - Gu

Leia a frase e copie-a com letra cursiva.

A galinha é bondosa.

Muitos gatos aparecem na fazenda Santa Rosa, mas apenas o gato **Gugu** mora lá. Leia e copie o nome dos gatos, mas pinte apenas o gato da Dona Rosa.

Leia as palavras e escreva-as nos quadros de acordo com a sílaba.

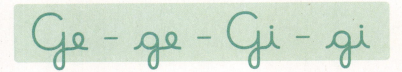

Observe a mesa da cozinha e pinte apenas o que a Dona Rosa deverá guardar na geladeira.

geladeira

Complete o nome das figuras que você pintou com as sílabas que faltam.

___ lo   ___ latina   ___ leia

Um lindo girassol nasceu no jardim da fazenda!

girassol

Complete as palavras com a sílaba **gi**.

___ rafa   má ___ co   reló ___ o

VAMOS CANTAR? H - h ℋ - h

"Todo dia, Dona Rosa toma chá pela manhã. Toma sempre no mesmo horário o chazinho de hortelã."

(Melodia: *Terezinha de Jesus* – Letra: Kátia Pecand)

Circule na cantiga as duas palavras que iniciam com a consoante ℋ – h.

Importante!
O **H** – **h** – ℋ – h, no começo de uma palavra, não tem som.

As palavras **horário** e **hortelã** iniciam com a consoante **h**.

Consoante H – h – ℋ – h

H h
ℋ h

H - h - ℋ - h

A **horta** da fazenda é muito bem-cuidada.

horta   horta

Observe a escrita cursiva desta consoante e copie-a.

h - h - h - h   H - H - H - H

Vamos ler e praticar as sílabas da consoante **h**?

ha - he - hi - ho - hu - hão

Ha - He - Hi - Ho - Hu

Leia a frase e copie-a com letra cursiva.

Na horta tem hortelã.

Leia e ligue as palavras iguais.

Hugo • • hiena

Hebe • • helicóptero

hiena • • Hugo

hipopótamo • • Hebe

helicóptero • • hipopótamo

Ajude a Ovelha Rosa a escrever a sílaba inicial do nome das figuras abaixo.

VAMOS CANTAR?

"Lá no jardim da fazenda,
vive uma joaninha.
O seu nome é Juju
e seu corpo é cheio de pintinhas."

(Melodia: *Sambalelê* – Letra: Kátia Pecand)

A joaninha vive no jardim. Você conhece outro bichinho que também gosta de ficar no jardim e tem o casco duro? Desenhe-o abaixo.

Pinte de azul as palavras da cantiga que iniciam com a letra **j**.

Consoante

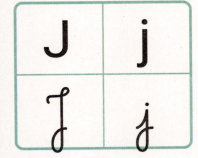 

A joaninha da fazenda Santa Rosa se chama **Juju**.

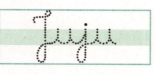

Observe a escrita cursiva desta consoante e copie-a.

j - j - j - j

J - J - J - J

Vamos ler e praticar as sílabas da consoante **j**?

ja - je - ji - jo - ju - jão

Ja - Je - Ji - Jo - Ju

Leia a frase e copie-a com letra cursiva.

Há uma joaninha no jardim.

Observe a imagem que cada animal está mostrando e escreva o nome dela com letra cursiva.

Leia e separe as sílabas das palavras.

cajuada =

Juca =

joia =

jabuti =

jogada =

VAMOS LER? K-k K-k

"Kiwi é uma fruta verdinha
que tem lá no pomar.
É uma fruta azedinha
com sementes pretinhas."

(Kátia Pecand)

Você já comeu kiwi?

Sim ☐   Não ☐

Você gosta dessa fruta?

Sim ☐   Não ☐

Na quadrinha, circule de verde a palavra **kiwi**.

Letra K - k - K - k

K	k
K	k

K - k - K - k

48

Veja a Dona Rosa se deliciando com um **kiwi** direto do pé.

Observe a escrita cursiva desta letra e copie-a.

Vamos ler e praticar as sílabas da letra **k**?

ka - ke - ki - ko - ku - kão

Ka - Ke - Ki - Ko - Ku

Leia a frase e copie-a com letra cursiva.

Tem kiwi no pomar.

O ajudante da Dona Rosa pegou uma **kombi** para levar algumas crianças para conhecerem a Ovelha Rosa.

Leia e copie o nome de cada criança que foi conhecer a Ovelha Rosa.

Dona Rosa preparou cachorro-quente de lanche para as crianças. Circule o ingrediente que ela usou.

PRATICANDO A LEITURA

café	Fábio	colega
hiena	botijão	gado
goiaba	jujuba	Gabi
cocada	juba	Juca

Agora é com você! Escreva as palavras do quadro acima de acordo com o número de sílabas.

2 SÍLABAS

3 SÍLABAS

VAMOS LER?

"Dona Rosa coleciona diversas latas de tinta.
Latas grandes e latas pequenas.
Todas elas cheias de tinta cor-de-rosa.
Afinal, na fazenda Santa Rosa,
tudo era cor-de-rosa."

(Kátia Pecand)

Com um lápis de cor-de-rosa, circule as palavras **latas** que você encontrar no texto acima.

Pinte, com a sua cor preferida, a lata de tinta que apresenta as quatro formas da consoante **l**.

Consoante

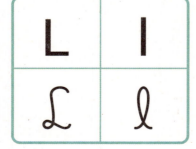 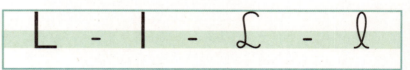

Eram tantas **latas** de tinta na fazenda, que a Ovelha Rosa tropeçou em uma delas e acabou ficando rosa.

Observe a escrita cursiva desta consoante e copie-a.

Vamos ler e praticar as sílabas da consoante l?

la - le - li - lo - lu - lão

La - Le - Li - Lo - Lu

Leia a frase e copie-a com letra cursiva.

A tinta está na lata.

O ajudante da Dona Rosa colheu várias laranjas no pomar. Pinte apenas as laranjas que formam o nome da figura e escreva cada palavra com letra cursiva.

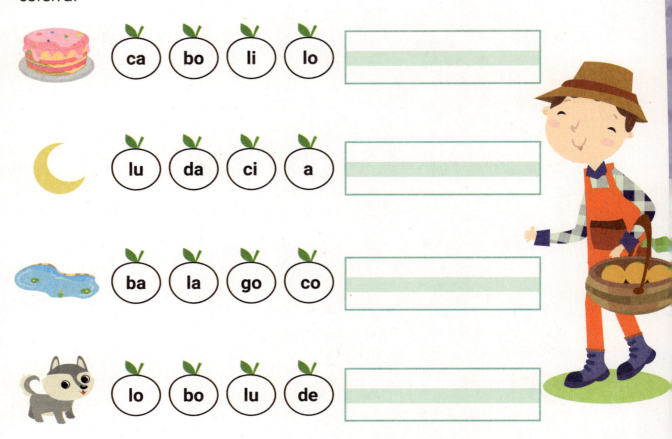

Complete as frases com as palavras que faltam e, depois, copie-as.

O _____ é de _____.

A _____ é de _____.

lua
bolo
limão

cola
coco
bala

VAMOS CANTAR?

M - m   𝓜 - 𝓶

"Quantas frutas gostosas tem neste pomar: manga, melão e mamão.
Mexerica não pode faltar."

(Melodia: *Sambalelê* – Letra: Kátia Pecand)

Pinte o quadro que possui o nome das frutas citadas acima.

MANGA
MELÃO
KIWI
MEXERICA

MANGA
MELÃO
UVA
PERA

MANGA
MELÃO
MAMÃO
MEXERICA

Circule, na cantiga, apenas a primeira letra do nome das frutas que apareceram.

Consoante M - m - 𝓜 - 𝓶

M	m
𝓜	𝓶

M - m - 𝓜 - 𝓶

55

Existe outra fruta cujo nome começa com a letra **M – m**. Ela é vermelhinha... É o **morango**!

morango   morango

Observe a escrita cursiva desta consoante e copie-a.

m - m - m - m   M - M - M - M

Vamos ler e praticar as sílabas da consoante **m**?

ma - me - mi - mo - mu - mão

Ma - Me - Mi - Mo - Mu

Leia a frase e copie-a com letra cursiva.

A melancia é uma fruta docinha.

Ajude a Ovelha Rosa a encontrar, no caça-palavras, os itens indicados abaixo. Depois, escreva as palavras com capricho, usando a letra cursiva.

MACACO	MALA
MOEDA	CAMILA
COMIDA	MOTOCA
CAMELO	MICO

M	A	C	A	C	O	K	V	T	R	H	S
B	T	U	L	S	F	G	M	O	E	D	A
C	A	M	I	L	A	J	B	W	A	S	T
A	X	B	C	E	D	C	O	M	I	D	A
M	O	T	O	C	A	X	M	A	L	A	P
C	A	M	E	L	O	T	Z	M	I	C	O

Organize as sílabas que estão dentro dos morangos e forme as palavras.

VAMOS LER?

N - n *N - n*

"Os animais da fazenda Santa Rosa estão sempre animados. Correm, brincam e se divertem na natureza.
Todos eles sabem o quanto ela é importante.
Dona Rosa sempre ensina que, se cuidarmos direitinho da natureza, viveremos em harmonia e com alegria."

(Kátia Pecand)

Circule no texto acima as palavras *natureza* que você encontrar. Em seguida, separe nos quadros as vogais e as consoantes dessa palavra.

NATUREZA = | VOGAIS | | CONSOANTES |

Consoante N – n – *N* – *n*

N	n
N	*n*

N - n - *N* - *n*

58

Na fazenda Santa Rosa, a **noite** é sempre estrelada, e os animais adoram admirar o céu.

noite   noite

Observe a escrita cursiva desta consoante e copie-a.

n - n - n - n   N - N - N - N

Vamos ler e praticar as sílabas da consoante **n**?

na - ne - ni - no - nu - não

Na - Ne - Ni - No - Nu

Leia a frase e copie-a com letra cursiva.

A noite na fazenda é estrelada.

Há muitas **nuvens** no céu da fazenda. Observe a sílaba de cada nuvem e escreva a palavra com letra cursiva, seguindo os números.

1 - 2 - 3

4 - 5 - 5

7

3 - 2 - 3

6 - 3

1 - 2

A vaca e o cavalo estão brincando de criar frases. Leia as frases que eles criaram e copie-as.

Eu como cenoura.

A fazenda é linda.

VAMOS LER?

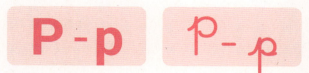

"A lagoa da fazenda tem pato e tem peixinho. Eles brincam e se divertem, nadando rapidinho."

(Kátia Pecand)

As palavras **pato** e **peixinho** iniciam com a consoante P – p.

Pinte apenas os animais abaixo cujo nome também começa com o som da consoante **p**.

Consoante   P – p – P – p

P	p
P	p

P – p – P – p

O **porco** também é adorado pela Dona Rosa, pois ele é cor-de-rosa.

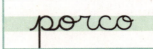

Observe a escrita cursiva desta consoante e copie-a.

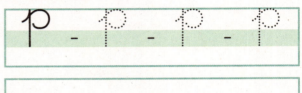

Vamos ler e praticar as sílabas da consoante **p**?

pa – pe – pi – po – pu – pão

Pa – Pe – Pi – Po – Pu

Leia a frase e copie-a com letra cursiva.

O porco é bem comilão.

Circule na panela da Dona Rosa apenas as palavras que são alimentos. Depois, copie-as abaixo com letra cursiva.

Complete as frases com o nome das figuras abaixo.

   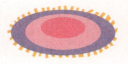

Eu comi toda a _____.

A _____ é bonita.

O menino jogou a _____.

O _____ está sujo.

PRATICANDO A LEITURA

caneca	pamonha	bolo
Daniela	Luana	Camila
pão	nota	panela
milho	mamão	pepino

Agora é com você! Leia as frases e complete-as adequadamente com as palavras do quadro.

O _____ é de limão.

Na _____ tem comida.

Paula é amiga da _____.

Eu comi _____ e _____.

O _____ é doce.

VAMOS LER?

"Dona Rosa está preparando
o almoço.
O cheirinho que vem da cozinha
é delicioso.
Ela está preparando quiabo
e moqueca.
De sobremesa será caqui.
Hum... Dona Rosa é boa cozinheira!"

(Kátia Pecand)

Pinte o prato que contém o nome dos alimentos e da sobremesa que Dona Rosa está preparando.

- QUIABO / CAQUI / BOLO
- QUIABO / CAQUI / MOQUECA
- CAJU / CAQUI / MOQUECA

Consoante Q - q - Q - q

Q - q - Q - q

65

Dona Rosa prepara outros pratos deliciosos, usando **queijo**.
Você gosta de queijo?

queijo   queijo

Observe a escrita cursiva desta consoante e copie-a.

q - q - q - q   Q - Q - Q - Q

Vamos ler e praticar as sílabas da consoante **q**?

qua - quo - quão   que - qui

Qua - Quo   Que - Qui

Leia a frase e copie-a com letra cursiva.

Dona Rosa adora pão de queijo quentinho.

Veja quem apareceu na fazenda! Um quati! A Ovelha Rosa está correndo atrás dele, mas ele é bem ligeiro. Pinte o caminho que possui apenas palavras com *qu* para que ela chegue até o quati.

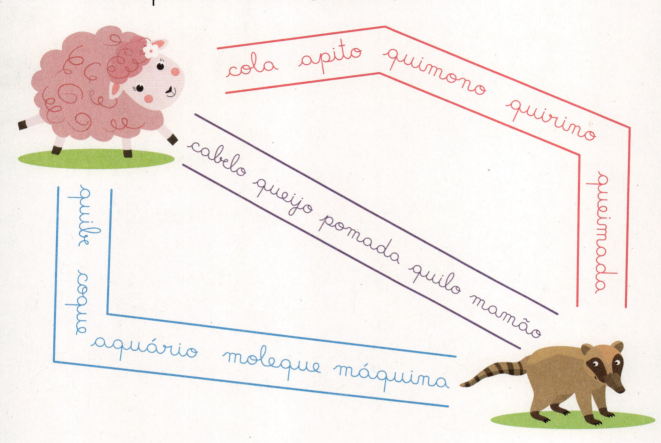

Agora, copie as palavras do caminho que você pintou.

quibe   moleque   aquário

coque   máquina

VAMOS LER?

R - r   *R - r*

"Foi um desespero no galinheiro quando um rato, de repente, entrou. As galinhas então gritaram:
— Sai daqui, seu roedor!"

(Kátia Pecand)

Pinte apenas os ratos que têm a palavra *rato* escrita no corpo.

Você tem medo de rato?   Sim ☐   Não ☐

Consoante   R – r – *R – r*

R – r – *R – r*

68

Vamos ler as palavras abaixo?

Dona Rosa   Ovelha Rosa   uma rosa

Observe a escrita cursiva desta **consoante** e copie-a.

r - r - r - r   R - R - R - R

Vamos ler e praticar as sílabas da consoante **r**?

ra - re - ri - ro - ru - rão

Ra - Re - Ri - Ro - Ru

Leia a frase e copie-a com letra cursiva.

Dona Rosa pinta tudo de cor-de-rosa.

Ajude a Dona Rosa e a Ovelha Rosa a encontrar seis objetos que não devem ficar no jardim. Pinte-os com suas cores preferidas!

Agora, escreva o nome dos objetos que você encontrou com letra cursiva.

Leia e copie as frases.

O rádio da Dona Rosa caiu.

Dona Rosa adora cor-de-rosa.

VAMOS LER?

"O cantar do sabiá parece uma sinfonia. O sabiá lá da fazenda canta alto, noite e dia."

(Kátia Pecand)

Pinte apenas os sabiás que estão levando até o ninho palavras que têm a consoante **S – s –** 𝒮 **–** 𝓈.

Consoante S – s – 𝒮 – 𝓈

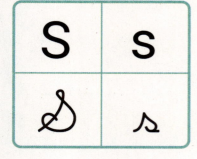

S - S - 𝒮 - 𝓈

A Ovelha Rosa e o porquinho adoram ir perto da lagoa para brincar e ver o **sapo** pular.

Observe a escrita cursiva desta consoante e copie-a.

Vamos ler e praticar as sílabas da consoante **s**?

sa – se – si – so – su – são

Sa – Se – Si – So – Su

Leia a frase e copie-a com letra cursiva.

O sapo é bem sapeca.

Leia e copie as palavras para descobrir o que tem na geladeira da Dona Rosa. Em seguida, faça um desenho para representá-las.

suco   salada   sopa

salame   sagu

VAMOS LER?

"Certa vez, a Ovelha Rosa encontrou um buraco no jardim. Sabe quem saiu de dentro dele? Um tatu filhotinho com sua mamãe. A Ovelha Rosa se encantou e disse:
— Que fofo esse tatu, vou chamá-lo de Tutu!"

(Kátia Pecand)

Circule no texto as palavras tatu.

Qual o nome do tatu? Pinte a reposta correta.

| Tuca | Tulu | Tutu | Tumu |

Consoante T - t - T - t

Sabe qual outro animal a Ovelha Rosa encontrou perto do buraco do tatu? Uma **tartaruga**!

Observe a escrita cursiva desta consoante e copie-a.

Vamos ler e praticar as sílabas da consoante **t**?

ta - te - ti - to - tu - tão

Ta - Te - Ti - To - Tu

Leia a frase e copie-a com letra cursiva.

A tartaruga é amiga do tatu Tutu.

A Dona Rosa está descansando na sala com seu cachorrinho de estimação. Observe a cena e pinte apenas os quatro objetos que iniciam com a consoante **T – t**.

Pratique a escrita cursiva do nome dos objetos que você pintou.

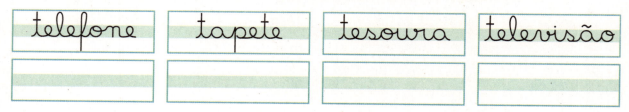

telefone   tapete   tesoura   televisão

Pinte com a mesma cor as sílabas que formam o nome das figuras e pratique.

PRATICANDO A LEITURA

O picolé é de limão.

A garota caiu na rua.

A bala é de coco.

Eu comi queijo.

Leia as palavras e pinte a correta. Em seguida, pratique a escrita da palavra que você pintou.

poneca
boneca

dado
tado

tatu
datu

gato
cato

calada
salada

palito
balito

VAMOS LER?   V - v   𝒱 - 𝓋

"O leite da fazenda Santa Rosa
é tirado da vaca.
O leite é gostoso e fresquinho.
Mas a vaca é levada.
Depois de dar o leite,
ela deita e quer carinho."

(Kátia Pecand)

Marque um **x** na resposta certa.

Quantas vezes a palavra **vaca** apareceu acima?

| 2 | 4 | 6 |

A vaca da Dona Rosa é:

| SAPECA | DANADA | LEVADA |

Consoante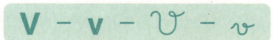

Enquanto Dona Rosa tomava o leite da vaca, a luz acabou. Então, ela precisou acender uma **vela**.

Observe a escrita cursiva desta consoante e copie-a.

Vamos ler e praticar as sílabas da consoante **v**?

va – ve – vi – vo – vu – vão

Va – Ve – Vi – Vo – Vu

Leia a frase e copie-a com letra cursiva.

A vaca vive na fazenda Santa Rosa.

A Ovelha Rosa tem um desafio para você! Pinte apenas as sílabas que formam o nome da figura e pratique a escrita da palavra.

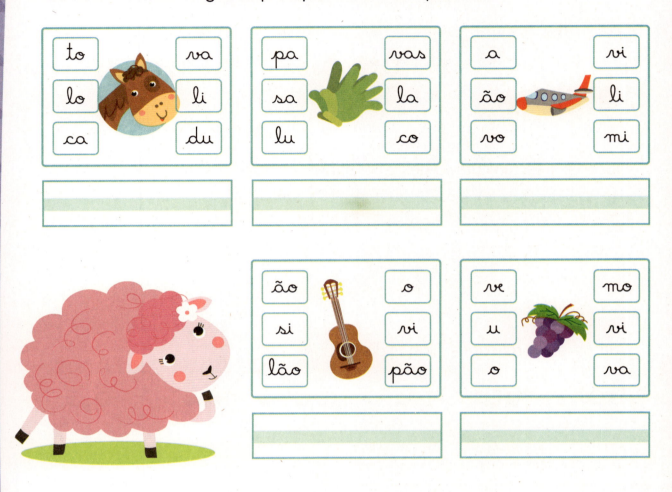

Leia e copie as frases.

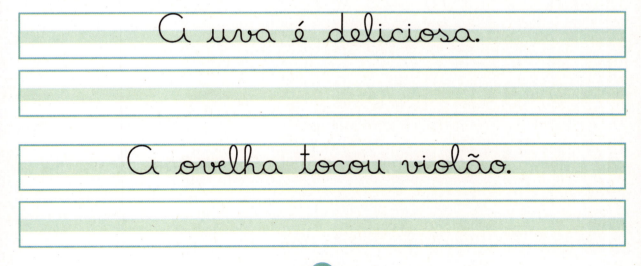

VAMOS LER?

"A Ovelha Rosa adora receber a visita de crianças.
A fazenda fica mais animada.
Wanda e William se divertem com os animais.
Dona Rosa prepara bolacha wafer e doce de kiwi para eles saborearem. É muita diversão!

(Kátia Pecand)

Circule as palavras do texto que têm a letra **w**.

Letra W – w – W – w

Leia e copie o nome de outras crianças que também visitaram a fazenda Santa Rosa.

Ajude as crianças a ligar as imagens às palavras correspondentes.

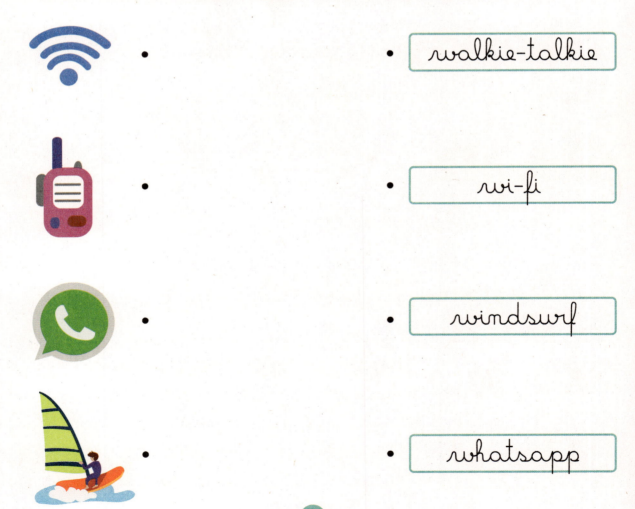

VAMOS LER?

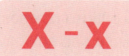

"De manhã, Dona Rosa prepara seu café.
Coloca na sua xícara roxa e bebe para começar o dia.
Coloca seu xale e vai dar bom dia aos animais, que são seus xodós."

(Kátia Pecand)

Circule no texto as palavras com a consoante **x**.

Encontre e pinte de roxo a xícara com as quatro formas da consoante X – x – ⋈ – ⋊.

Consoante X – x – ⋈ – ⋊

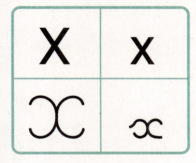

As frutas escolhidas no pomar da fazenda Santa Rosa são colocadas em **caixas**.

Observe a escrita cursiva desta consoante e copie-a.

Vamos ler e praticar as sílabas da consoante **x**?

xa – xe – xi – xo – xu – xão

Xa – Xe – Xi – Xo – Xu

Leia a frase e copie-a com letra cursiva.

As frutas estão na caixa.

Os animais da fazenda ficam encantados ao ver os peixes da lagoa, nadando e pulando na água. Pinte e circule os peixes com palavras que têm a consoante X – x. Depois, copie-as.

A Ovelha Rosa e o porco querem saber se você está craque na escrita das letras! Leia as palavras abaixo e passe-as para a letra cursiva.

VAMOS LER? Y - y   Y - y

"Na fazenda, tem um cachorro.
Ele é marrom e peludinho.
Sua raça é yorkshire
e adora um carinho."
(Kátia Pecand)

Encontre no caça-palavras o nome da raça do cachorro da fazenda.

YORKSHIRE

A	R	T	S	R	C	K	S	L	M	R	S
M	A	N	L	U	R	T	O	R	S	E	L
R	T	Y	O	R	K	S	H	I	R	E	T
S	N	T	R	U	D	O	L	E	G	R	M

Letra   Y - y - Y - y

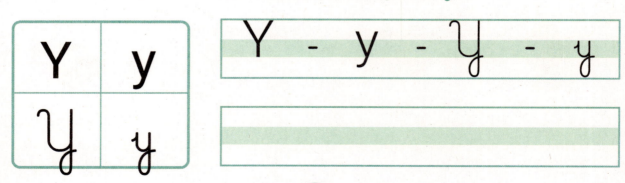

A Ovelha Rosa veio apresentar para você algumas palavras que têm a letra **Y** – **y** – Y – y. Leia cada uma e copie-a.

Yara

yoga

Yuri

Kelly

Leia e copie a frase abaixo. Depois, represente-a com desenhos.

Na fazenda tem um playground.

VAMOS LER?

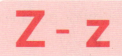

"O boi zebu da fazenda tem cara de bravo, mas na verdade ele é bonzinho e engraçado."

(Kátia Pecand)

Pinte de amarelo as palavras que têm a consoante **z** no texto.

Quais destes animais têm o nome que também começa com a consoante Z – z – ? – ?? Pinte-os.

Consoante

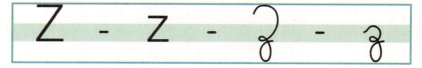

88

O zangão está zangado, pois a colmeia caiu da árvore.

Observe a escrita cursiva desta consoante e copie-a.

Vamos ler e praticar as sílabas da consoante **z**?

za – ze – zi – zo – zu – zão

Za – Ze – Zi – Zo – Zu

Leia a frase e copie-a com letra cursiva.

O zangão é zeloso com a colmeia.

A Ovelha Rosa quer ajudar o boi zebu a chegar até o pasto. Para isso, você terá que completar as palavras com as sílabas da consoante **Z** – **z** que estão faltando.

Agora, pratique a escrita das palavras que você completou.

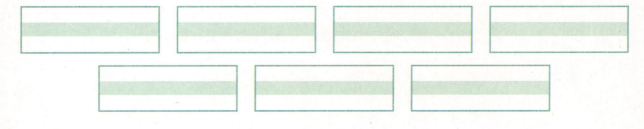

PRATICANDO A LEITURA

cabide	felicidade	coxa
Samara	azedo	Kátia
batizado	herói	Gisele
gelatina	feijoada	Cibele
sapato	vazio	Lorena
amiga	Mário	ovo

Agora é com você! Vamos brincar de acróstico com a palavra **rosa**. Crie outras palavras a partir das iniciais abaixo.

R

O

S

A

Dona Rosa quer saber se você conhece alguns animais da fazenda Santa Rosa. Escreva o nome deles com capricho.

Leia as palavras nos regadores da fazenda e escreva-as nos quadros correspondentes.

FRUTAS

OBJETOS

Os animais estavam brincando de criar frases.
Leia e copie as frases que eles criaram.

Dona Rosa é muito boa.

Eu botei um ovo.

O pato é meu amigo.

Eu comi a ração.

Pense em dez coisas que encontramos em uma fazenda e escreva-as abaixo.

Agora, faça um desenho da fazenda. Lembre-se de desenhar os itens que você escreveu acima.